LE SITELLARIUM

LE SITELLARIUM

ETUDE DE COMPOSITION ARCHITECTURALE

PAR

ÉMILE TRÉLAT

ARCHITECTE

DIRECTEUR DE L'ÉCOLE SPÉCIALE D'ARCHITECTURE
PROFESSEUR AU CONSERVATOIRE IMPÉRIAL DES ARTS-ET-MÉTIERS

EN VENTE A PARIS

Chez A. MOREL et Cie Éditeurs, 13, rue Bonaparte

ET

à l'École spécciale d'Architecture, 19, rue d'Enfer

LE SITELLARIUM

LE PROGRAMME

La *Majorique* est un grand Etat pourvu de toutes les libertés civiles et politiques connues dans les sociétés modernes. Sa constitution est très-simple. On peut se la figurer, en concevant un ensemble de communes liées entre elles par les vieilles traditions nationales, mais administrant isolément et librement en dehors de tout contrôle étranger, cette noble suite d'intérêts locaux qu'on peut sommairement définir : *le développement physique et moral de la commune.* Au milieu de ces communes, l'Etat est devenu le simple administrateur des grands intérêts indivis, que la nation n'a pas avantage à servir isolément : *Sécurité nationale, justice, communications générales, Postes, Relations extérieures, Impôt* etc., etc. En *Majorique*, où les mœurs se sont faites à la mesure des exigences politiques, l'élection impose à l'activité et à la conscience éclairée des citoyens, des devoirs impérieux et solennels. On y sait que c'est dans le sain et digne exercice de ces devoirs que se trouveront toutes les garanties de la bonne administration publique. Les études, les méditations, les discussions de tous y concourent incessamment à préparer les meilleures délégations! annuelles pour l'administration communale, quinquennales pour celle de l'Etat. Tout le monde a appris, tout le monde sait que le jour du vote est un jour où chacun doit faire son devoir d'homme libre et responsable.

Qui ne comprend la belle et pacifique convergence de pensées, venant ainsi périodi-

quement se fondre dans l'urne de l'élection ?
Qui ne voit en cette urne solennellement
entretenue et protégée entre les périodes
électorales, librement accessible à tous les
citoyens quand s'ouvre le vote, le véritable
Palladium de la Cité moderne ? Qui ne découvre dans le vaisseau qui l'abritera, le
noble édifice des devoirs civiques ? Quel, ne
sent s'élever ses pensées quand il rêve à son
expression propre ? Quel, involontairement
ne retourne alors en souvenir vers ce beau
temple de l'antiquité abritant jalousement,
loin des regards, l'image du Dieu de la Cité,
et ne la découvrant en pleine et brillante
lumière qu'aux jours solennels. Aucun bon
esprit ne voudrait prendre là les formes ou
la mesure de la solution cherchée ; mais
il y saura trouver le niveau de l'inspiration,
qui doit le guider.

Nueva, située au Sud-Est de la *Majorique*, (13° lat.), est la seconde ville de l'État

Elle veut ériger son *Sitellarium*. (Maison de l'Urne).

Le Sitellarium est en même temps l'édidifice conservateur de l'Urne et le lieu où s'effectuent les votes. C'est un imposant vaisseau, qui dégage la noblesse de son rôle jusque sur la voie publique, et dont on subit la puissante gravité, quand on y pénètre.

Une même impression croissante envahira le citoyen à mesure qu'il s'approchera de l'Urne. Pour servir ce but, on pourra distinguer trois éléments remarquables de la composition :

1° Les approches de l'édifice, qui préparent l'électeur, en l'introduisant dans un milieu d'idées favorable au recueillement suprême de l'acte qu'il y vient accomplir.

2° Le *Sitellarium* proprement dit, qu'on parcourt, quand on va porter son vote à l'Urne, ou que la foule occupe pour assister au dépouillement. Cette salle doit être amplement traitée, magistralement éclairée, tellement disposée qu'on y subisse l'influence ennoblissante d'un grand vaisseau dépourvu de toute banale distration.

3° L'emplacement de l'Urne accompagnée du Bureau, qui en assure le service. Bien que très-accessible à tous aux jours d'élection, ce lieu doit être aussi retraité que possible dans le *Sitellarium*. C'en est comme le sanctuaire hospitalier.

Le *Sitellarium* sera situé sur la Place-Haute de la ville, lieu dégagé, qui domine la belle plaine accidentée et grasse des environs.

Le pays est pourvu de tous les matériaux que l'architecte peut désirer mettre en œuvre. Rien ne manque, pas même les beaux marbres blancs, que fournit le Mont-Riche, situé à quelques lieues de *Nueva*.

———

Le programme, qu'on vient de lire, est la reproduction à peu près littérale de l'un des programmes de concours mensuels de l'École spéciale d'Architecture. Il y a été traité par la 2ᵉ classe en janvier 1870.

L'esprit dans lequel il était conçu, l'ordre d'idées qu'il mettait en jeu, peut-être aussi le courant des préoccupations et des événements publics fixèrent particulièrement l'attention du jury réuni en février pour le jugement des projets de la 2ᵉ classe. L'un des membres y émit l'opinion que ce thème comportait la matière d'une composition digne des méditations des professeurs d'ateliers; qu'un concours intime et fraternel entre les maîtres, opposerait avec fruit pour l'enseignement, des idées et des sentiments d'art, dont le reflet se découvrait journellement dans les œuvres des disciples, mais qui n'avaient pas encore eu l'occasion de se mesurer directement sur une œuvre commune. Les pensées s'unirent à cette voix, et l'on convint de mettre prochainement en présence et en discussion les esquisses de tous les engagés. Malheureusement, les circonstances, maladies ou imprévus, mirent en défaut la convention. Une seule esquisse répondit à l'appel.

L'étude exposée au salon sous le n° ¹ est la suite, vraisemblablement trop hâtée, de cette tentative éclose dans l'intimité des recherches, qui alimentent laborieusement le professorat de l'École spéciale d'Architecture.

Les personnes, qui compteraient trouver dans cette conception un spécimen de ce que la langue habituelle du jour nomme les applications pratiques, ou celles qui voudraient y découvrir la prétentieuse réminis-

---

(1) Le Sitallarium projet de MM. Emile Frelat et Chipiez.

cence d'une forme consacrée dans le plus indiscuté de tous les arts, tomberaient ici dans une grave déception.

Pour plus spéciale ou plus actuelle qu'elle soit, la visée des auteurs n'en est ni moins intéressante ni moins respectable. La rencontre d'un thème architectoral inusité, mais vraisemblable, les a touchés par la netteté du rôle qu'il définit, par la simplicité du sens moral qu'il comporte, par la facile et unanime compétence de jugements qu'il soulève. Ils y ont aperçu l'occasion rare de poursuivre sur une donnée aussi neuve que vraie, une de ces solutions, qui légitiment la place de l'architecture dans l'art par la puissance de l'expression. Ils y ont saisi, comme une fortune sans seconde, le droit qu'ils pouvaient puiser dans l'ampleur du sujet et dans son caractère de dominante utilité publique, pour ne se poser aucune limite dans l'étendue des moyens matériels de réalisation. Pourquoi se seraient-ils arrêtés devant les condamnations certaines de ceux qui ne croient plus à leur temps, ou les critiques probables de ceux, qui ne lisent pas au fond ? Notre époque si remplie de profondes investigations, de fébriles activités, d'audacieuses entreprises, de changements à vue, est avare de sujets à libre méditation, à pleine conception. Elle pétrit l'œuvre de l'artiste avant de lui en livrer l'essence, dans le moule infini de ses innombrables et divergentes exigences. Quand il se présente un pareil sujet, c'est un devoir pour ceux qui professent, de l'attaquer et de tenter sa solution.

LA COMPOSITION

L'IDÉAL MORAL

Pourquoi tant de vénération fixée sur ce simple vase d'airain, que la mémoire populaire retrouve encore sous la forme d'une mesquine boîte de bois blanc échappant à peine aux violences des premiers scrutins ? Qu'est donc cette Urne ?

La société majoricienne a mis de nombreux siècles à constituer ses rouages, à les polir, à les assembler et à les animer de ce beau mouvement simple et continu, qui fait l'admiration du monde. Ce n'est point en un jour ou du fait d'un conquérant de génie appliquant ses décrets, qu'elle s'est trouvée pourvue de ces biens communs, hors desquels l'homme civilisé perd la moitié de sa vie en luttes infructueuses, et se développe mal. De patientes et nombreuses générations s'y sont usées en vains efforts. L'agrégation des premiers et maigres éléments de la race fondamentale de la nation ; l'introduction, fortifiante mais heurtée, des conquérants attirés du dehors par des appétits de nomades, ou poussés au-dedans par les derniers élans des antiques civilisations ; l'assimilation lente et houleuse de ces couches superposées dans des guerres sans fin ; l'éclosion des idées, des intérêts, des ambitions prenant corps aux premiers apaisements, et créant de nouveaux germes de violence ; l'unité religieuse s'imposant implacablement au nom du salut des âmes, et décimant les générations ; l'unité monarchique se constituant patriotiquement au nom de la nation, et ruinant les peuples ; toutes les misères ont frappé à coups redoublés pendant vingt siècles sur la Majorique en quête de sa civilisation propre. Elle y a sacrifié des phalanges de grands citoyens et de nobles héros. Mais elle a su gravir ainsi sans s'arrêter jamais, son haut calvaire et gagner à travers les tueries, les misères, les famines, les pestes, les séditions, les prisons, les gibets et les bûchers, le bel équilibre social, qu'elle devait donner en exemple à l'univers.

Un philosophe français, qui a longtemps habité la Majorique et qui a profondément commenté son histoire, s'exprime ainsi :

« Un jour, quand elle eut épuisé cette âpre et ▸ longue initiation, qu'elle eut affermi l'intégrité

» du sol national et qu'elle fut en possession d'elle-
» même, elle rencontra dans sa propre conquête
» une dernière épreuve, la plus cruelle peut-être.
» Les philosophes des dernières convulsions du
» pays avaient su formuler la savante et délicate
» abstraction, qui dégage et abrite de l'action des
» citoyens, le devoir du *vote libre*. Avec la paix, se
» législateurs avaient pu l'édicter et fixer les bases
» du droit social. Mais l'habitude des luttes dans la
» violence, avait fait des habitants de la Majorique
» des hommes à jugements hâtifs et sommaires,
» aussi prompts à la compromission qu'entiers
» aux dévouements. L'usage de la lumière et le
» haut bon sens de l'expérience manquaient alors à
» ces hommes. La loi découlant d'une fiction, ils
» inventèrent mille fictions qu'ils mirent en oppo-
» sition avec la loi, et pour lesquelles chacun pre-
» nait parti selon son tempérament.

» Les passions s'allumèrent en dehors des in-
» térêts privés. On se battit pour des idées, avec
» d'autant plus d'acharnement qu'elles s'élevaient
» plus haut dans des nuages invisibles. On vit
» alors cet étrange et lugubre spectacle d'un peu-
» ple généreux et libre, auquel rien ne manquait
» au dehors pour se développer et qui semblait
» comme à plaisir, chercher lui-même sa ruine.

» Pendant soixante ans, les fiévreux patriotismes

» ou les débauches de la raison fomentèrent des ré-
» volutions sanglantes, auxquelles les réactions
» épeurées des intérêts matériels faisaient succé-
» der des dictatures excessives.

» Les gouvernements, quels qu'ils fussent, op-
» pressifs ou débonnaires, avaient au moins con-
» servé dans la forme les grandes conquêtes du
» droit public. Le principe de l'élection subsistait.
» Mais les citoyens s'abstenaient, ou votaient sans
» liberté. Dans ces sombres jours, on profana plus
» d'une fois l'Urne, que ne protégeait ni la loi, ni le
» sentiment, incompris, des devoirs civiques. »

Pourtant, de ces luttes de sauvages ou de ces repos de Bas-Empire, sortit enfin la saine expérience et la belle lumière. L'esprit des revendications violentes s'attiédit sous un long régime d'autorité, qui était parvenu à faire le calme dans la nation vouée au travail. Le travail fit le reste. Des labeurs intéressés et producteurs de bien-être, les citoyens passèrent à la méditation et à la critique du passé, à l'observation et à l'étude du présent. En quelques années l'éducation publique se fit. Et, depuis un siècle déjà, la Majorique — elle peut le proclamer à la face des peuples — a réalisé le plus beau milieu social, qu'on puisse rêver, milieu baigné de liberté, où chacun apporte régulièrement et sûrement sa part d'influence à l'administration publique, et où, dégagée de toute entrave et de tout contrôle, l'activité privée a centuplé la fécondité du travail. Les vieux caractères, jadis trempés dans les luttes sanglantes et les suprêmes dévouements, s'étaient abîmés ou travestis dans l'affaissement des désillusions ou l'incohérence des délires sociaux. Ils se sont retrouvés dans leur franchise première, mais leur allure s'est élargie ; on les sent plus équilibrés et plus humains. Aujourd'hui, quand on parle à l'étranger des Majoriciens, on les peint comme des hommes simples, droits, faciles, ouverts à toutes choses, mais fortement empreints de leur sentiment d'indépendance et fièrement assis dans la responsabilité qu'ils encourent, chaque fois qu'ils entrent dans l'action.

Ces biens sont nés du jour, où les citoyens de la Majorique, appréciant leur histoire, mesurant leurs conquêtes, ont accordé à leur Urne électorale le sens social qu'elle comporte, à côté du service matériel qu'elle rend. Aujourd'hui tout le monde a appris au collége à commenter cette simple définition, longuement épelée syllabe à syllabe sur les genoux des mères :

L'Urne est le symbole du lien sacré, qui contient le Majoricien libre dans une société sûre.

L'Urne est aujourd'hui le dogme social de la nation.

2

L'IDÉAL PLASTIQUE

L'URNE

Où placer, comment abriter un tel symbole?

Le programme avait engagé la solution, en indiquant la Place-Haute de Nueva comme lieu d'édification du *Sitellarium*. Il ne suffirait pourtant pas d'y asseoir l'édifice pour servir, comme il convient, l'expression artistique qu'il faut ici poursuivre. Cette élévation naturelle est un site judicieusement choisi; mais, tout favorable qu'il soit, il n'est qu'une occasion pour l'artiste. Celui-ci, quand il engage une expression, doit rechercher et utiliser tous les adjuvants de son idée; mais il doit marquer, avant tout, et faire saillir d'un trait lumineux cette idée dans le milieu choisi. Le dogme de l'Urne plane, au-dessus des intérêts et des passions des Majoriciens, à une telle hauteur qu'il s'en dégage complétement. Ecrire plastiquement cette pensée dans un monument d'architecture, c'est y introduire l'indication d'un fort parti pris dans la plus élémentaire condition de son existence, dans son assiette ; c'est établir volontairement, somptueusement, cette assiette à un niveau dominant qui fasse écart avec tous les niveaux usités dans les autres édifices. On voit déjà d'ici, sur la Haute-Place de Nueva, s'élever les hautes assises du haut soubassement, qui gagne en échelons comptés la place demi-céleste, où sera planté l'abri de l'Urne.

LA SALLE

Comme l'Urne, la salle, qui l'enveloppera, emprunte à sa destination deux rôles, qu'il faut marier dans la concordance d'une même impression. Abri conservateur et protecteur, elle reflète autour de l'Urne, l'ampleur et la majesté du dogme vénéré. Vaisseau propice au vote, elle ouvre aux jours d'élection sa porte hospitalière et recueille dans son imposante capacité le Majoricien exact à son devoir. De ce double point de vue naissent deux questions de haute importance plastique.

Quelle valeur tonale le vaisseau doit-il affecter à l'intérieur ?

Quelles sont les conditions qui doivent s'imposer à sa forme ?

Si la conception doit refléter l'idée du Sitellarium avec force ; si elle prétend en imposer le sentiment intime à celui qui pénètre dans la salle, il faut qu'elle l'y maintienne sous une même et constante influence tonale et qu'elle le soustraie par là à toutes les causes incidentes de distraction locale. Cette solution est délicate ; elle demande de grandes précautions.

Tout le monde a subi la forte impression des nefs gothiques. Les plus ardents détracteurs de cet art, reconnaissent qu'on ne reste pas insensible à la majesté de ces fiers vaisseaux. Les esprits les plus distraits résistent mal à leur influence, et personne n'y pénètre sans se replier involontairement sur soi-même. Cette condition si magistralement obtenue, reste indépendante des questions de goût et d'Ecoles. Elle les domine. C'est un effet moral, qui découle d'un arrangement lumineux. Les hautes verrières sont les vibrants distributeurs de cette fine lumière des cathédrales. A travers les corps opaques ou translucides, tous d'épaisseurs incertaines et plus ou moins colorés, qui s'y ajustent, elle se rompt ou se décompose pour se diffuser doucement partout. Elle gagne tous les

points, n'en oublie aucun ; mais elle ne heurte
rien. Quand elle joint un corps, elle n'appelle aucun témoin pour faire bruit de sa présence. L'écho
tapageur des ombres portées ou la suite graduée
des ombres propres, n'ont point ici leur place.
Les reliefs n'y sauraient briller avec leurs riches
cortéges d'oppositions et de transitions lumineuses. Il fait clair ; et voilà tout ! Mais aussi quelle
grandeur plastique dans cette muette continuité
d'éclairage, et quel calme ! Chaque objet s'efface
comme pour dégager et laisser mieux voir l'ensemble. Tout se tait. On dirait que la lumière, qui
tient également tout sous sa garde discrète, s'est
faite elle-même silencieuse pour imposer silence à
tout.

Voilà la cause de l'émotion si puissante, qui
nous saisit dans une nef bien éclairée du XIII⁰ siècle.
Dépouillez les verrières du plus imposant de ces
vaisseaux. Vainement attendrez-vous alors l'impression morale, que vous subissiez jadis ; elle est
perdue. Vainement chercherez-vous la grandeur ; elle a disparu. Vainement voudrez-vous
retrouver l'unité ; rien ne se tient plus. Voici pourtant les mêmes piliers tapis sous leurs larges tail-
loirs, les longs fuseaux qui montent, et les arcs
croisés des voûtes, les solides encoignures du
transept et les colonnes du chœur, qui rapprochent

en tournant leurs chapiteaux feuillus. Vous pouvez voir encore l'arcateur du triforium courir tout autour de la nef, sous les hauts formerets, qu franchissent le vide des baies dégarnies ; puis, aux arrière-plans, sous les solides arcs des gros piliers, les supports et les baies des bas-côtés. Mais quel changement ! Vous n'en croyez pas vos yeux ! Et vous cherchez votre mètre ! Toutes les mesures sont restées, n'en doutez pas ; mais l'expression est partie. Tant il est vrai que la beauté dans l'œuvre architecturale ne tient pas qu'à des mesures. Ici la preuve est flagrante. Sans la diffusion de jour, qui liait tout ; sous la lumière *ombrante,* qui rompt tout, voyez ce que sont devenus ces lignes, ces profils, et ces masses sculptées si savamment préparées. Vous n'y lisez plus que brutalité, raideur ou sécheresse. Ne travestissons pas plus longtemps le vaisseau qui nous occupe ; rendonslui ses vitraux et retrouvons au plus vite dans ses grises lumières, les amples développements et les larges harmonies, qui lui appartiennent.

Le beau dispositif d'éclairage utilisé par les architectes gothiques reste un précieux document pour l'art. Il permet de conclure d'une manière générale, que les vaisseaux préparés pour le recueillement doivent être éclairés par des jours rompus. Ce résultat n'est pas seulement conséquent de l'emploi des corps réfringents dans les baies d'éclairage. On peut aussi y atteindre par des dispositifs, qui laissent passer la lumière à travers des corps transparents. Mais il faut alors que les rayons n'arrivent que réfléchis dans le vaisseau à éclairer.

Rentrons au Sitellarium.

Qu'un vaste jour rompu dans les nombreuses issues d'une large claire-voie inonde le vaisseau ; qu'il y baigne les surfaces lisses des parois ; qu'aucun choc de libre lumière tombant sur des reliefs, n'y scintille pour éparpiller la pensée ; que tous les éléments visibles de la composition, comme chantant les litanies , soutiennent la même note et servent la même idée simple : à l'instant l'homme qu'attire ici son devoir est soumis. Dès qu'il a franchi le seuil, tous les hôtes incommodes, que faisaient tourbillonner autour de lui les éclats rayonnants du plein jour, ont disparu. Un seul pas lui a rendu cette part de soi-même, que nous prennent incessamment les mille impressions vagues des choses extérieures. L'homme du vote se dégage. Entre sa conscience et sa raison épanouies dans un recueillement facile , son esprit retrouve sans trouble la pieuse décision qu'il doit porter à l'Urne.

Un pareil milieu décide de la forme que prendra

la salle. Puisque l'impression s'y impose, il convient qu'elle dure pour être efficace. L'électeur, qui veut joindre l'Urne, doit parcourir la salle aussi longuement que possible. La salle sera donc longue. On entrera à une extrémité ; on votera à l'autre. Mais cette figure allongée du plan, par cela même qu'elle définit une forme qui maintient et limite l'allure du visiteur, frapperait péniblement l'esprit par son caractère élémentaire de mesure géométrique. Il convient de la combattre par une opposition dominante, qui remette en lice les impressions morales. La salle sera relativement haute. La pompe de l'espace y effacera sous l'ampleur dégagée de l'élévation, les restrictions nécessairement apportées dans les dimensions du plan.

L'EXTÉRIEUR DU VAISSEAU

Le vaisseau s'ouvrant ainsi sur le petit côté, y découpe une porte, qui se taille à la mesure de l'entière hospitalité de l'Urne civique. Elle en occupe tout l'espace. A l'extrémité opposée, la paroi développe sa pleine continuité pour servir de fond à l'Urne, qu'elle protége et met en scène. Sur les longues faces, devenues le lieu nécessaire de l'éclairage, vont s'étendre les claires-voies avides d'espace pour la juste appropriation de cette lumière rompue, qui, seule doit la traverser.

Les considérations transcendantes de l'art s'imposent ici à la composition pour dégager les conséquences, qui résultent de ce dispositif.

Les plus grands manutentionneurs de la forme, les plus habiles esthéticiens, les Grecs ont surabondamment montré dans leurs édifices la généralité de cette loi des harmonies plastiques : *L'artiste doit distinguer et toujours laisser distinguer dans son œuvre la spécialité de la fonction de chaque élément. — Il ne doit pas associer deux fonctions dans un même élément.*

En restant scrupuleusement fidèle à cette belle loi, l'Athénien a assuré l'une des satisfactions les plus légitimes de l'esprit humain. Rencontrer l'ordonnance irréprochable d'une forte conception, dont on fixe et dénombre aisément toutes les parties, c'est comme au sortir d'une nuit silencieuse et muette, découvrir sous l'éclat d'un beau jour la limpide transparence d'un riche tableau de la nature. Tout est lumineux et paisible! L'inquiète et chercheuse pensée, dégagée des liens obscurs, se pose sans trouble sur les objets qui l'attirent; guidée par l'enchaînement du site, elle gagne aimablement et sans effort les grands horizons, qui déposeront en elle le dénoûment ému de la scène

observée. L'art reste absent dans les œuvres qu
ne conduisent point ainsi notre attention loin des
hésitations soucieuses. L'œuvre d'art n'est pas
un dossier d'archives, qu'on fouille avec précau-
tion, qu'on commente timidement et qui vous dis-
pute un à un la livraison de ses secrets. C'est un
noble concert, qui lance sur vous ses phalanges de
voix harmonieuses, et qui vous conquiert d'autant
mieux, que mieux appropriées à la même fin, elles
gardent plus strictement chacune leur condition
et leur rôle distincts.

Que va nous dire cette loi, si nous l'interrogeons
en face de notre plan ?

Les baies garderont dans leur intégrité leurs
fonctions spéciales de portes et d'issues propres à
l'introduction de la lumière ; nulle fonction nou-
velle ne sera introduite dans l'espace qui leur est
départi ; les parties portantes, qui sont nécessaires
à l'achèvement de la clôture du vaisseau et au soutènement du comble, seront cantonnées aux quatre
angles de la salle, seuls espaces restés disponibles.
Tel se ferme et se couvre le Sitellarium pourvu
désormais de ses éléments essentiels. Voici les
quatre piles, qui montent d'un jet leurs larges assises et qui détachent les angles du mâle vaisseau.
Voici le vigoureux comble, qui s'y asseoit tout
d'une pièce. Ses quatre lignes d'horizon rappellent,

par une répétition violente, l'amplitude voulue de
la salle, et la hauteur de son cadre mesure la sécurité de l'abri qu'il promet. Voici la porte aux
larges vantaux d'or; voici les claires-voies parse-
mées des nombreuses petites baies noires, qui
font vibrer la pierre sous le soleil. En tout, quatre
éléments : pile, comble, porte, claire-voie. Nulle
infraction à la grande loi de spécialisation des organes n'est intervenue dans leur placement, dans
leur constitution. S'ils prennent chacun une valeur
de mesure ou de relief en rapport avec l'importance
de leurs rôles respectifs; s'ils s'accusent ou s'ef-
façent en proportion du sens qu'ils comportent
dans l'expression générale ; s'ils sont reliés entr'-
eux par des transitions qui ne permettent jamais
à l'œil ou à l'esprit de s'isoler sur l'un d'eux dans
l'oubli de l'ensemble, le Sitellarium pourra bien
découper un jour sur le ciel de Nueva son ample
silhouette, et dégager de son rude soubassement
la fière allure d'un monument de foi patriotique.

LA FRISE

Mais ce noble port qui s'élève au-dessus de la
demeure des hommes, est-ce assez pour un parei
édifice? L'œuvre ne va-t-elle pas garder de cette

muette exaltation quelque chose de la sécheresse
des froides abstractions ? N'y a-t-il pas une lacune
troublante entre ces citoyens libres et ce grave
symbole de leur chère liberté garantie ? Ne con-
vient-il pas d'adoucir ce rude écart et d'avoisiner
l'édifice, en le complétant d'un commentaire par-
lant au cœur en même temps qu'aux yeux ? Est-ce
que cette belle épopée de l'histoire nationale, qui a
produit la société majoricienne, n'a pas ici sa place
marquée ? Est-ce qu'elle ne peut pas être interpré-
tée dans le sens de cette grande conquête, et servir ainsi de lien entre les préoccupations journaliè-
res de la vie et la fiction aérienne du Sitellarium ?
La composition reste incomplète ; on ne peut en
douter. Il faut l'achever.

Quand l'embarras se fait dans la conception
d'art la plus sincèrement indépendante, on retourne
involontairement vers le passé ; on y cherche des
exemples. Mais, comme toute chose passionnante,
la Tradition cache des dangers sous ses trésors.
Pour peu qu'on se complaise aux beautés de ses
grands modèles, on court grand risque de lui de-
mander autre chose que ce qu'elle peut donner.
Sous leurs séduisantes harmonies, ils cachent certainement de précieuses et fécondes richesses ; et,
pour qui les sait approfondir, la grande méthode
des compositions plastiques s'y montre en pleine

lumière. Mais, si l'on s'arrête à les contempler, à
ne les aimer que pour eux-mêmes, leur sens pro-
fond passe inaperçu ou dédaigné, et, la passion
aidant, ils vous mènent à des contre-sens irremé-
diables. Il faut y regarder de près avec la tradition.

Quoi de plus naturel ici que de remonter vingt-
trois siècles et de passer de Nueva à Athènes, du
Sitellarium au Parthénon ? Il y a une telle parenté
de signification sociale, une telle similitude de
condition morale entre les deux édifices, qu'il paraît tout simple d'emprunter au Parthénon la pal-
pitante parure d'idées et de sentiments nationaux,
qui ruissèle aux marbres de ses frontons et de ses
frises, d'y substituer la grande épopée majoricienne et d'en revêtir le Sitellarium. Que pourrait-
on faire de mieux ? — Prenons garde ; nous cou-
rons aux écueils ! Il faut réfléchir.

Si les rôles municipaux du Parthénon et du Sitellarium s'identifient dans l'esprit de l'observa
teur, si les sentiments qu'ils expriment sont de
même ordre patriotique, si les passions salutaires,
qu'ils ont mission d'entretenir et d'exciter, sont
nées d'exigences sociales similaires, les services
auxquels ils pourvoient, diffèrent essentiellement.
Ils s'opposent l'un à l'autre comme les milieux
d'idées auxquels ils répondent.

La vieille idole mystérieuse de l'antique cité

grecque était un objet magique, qu'on croyait
tombé du ciel. Elle était tenue cachée dans un
lieu clos et ténébreux. La Minerve de Phydias
est devenue, selon les idées du temps, « la Divi-
nité héroïque, que sa légende ramène sur la terre
et rapproche des hommes. » Aux vertus protec-
trices du talisman, elle a ajouté « la beauté supérieure. » Son image chryséléphantine est une
admirable et colossale statue de 37 pieds de haut,
vêtue et armée, faite des matériaux les plus précieux : ivoire, or, pierres fines. De même qu'en re-
vêtant une forme humaine et la recevant parfaite
du Génie des arts, elle a, sous ses bijoux, gardé de
la vieille idole l'apparence d'un simulacre ; de
même, en offrant ses splendeurs aux regards loin-
tains des citoyens assemblés pendant les fêtes, elle
reste invisible dans sa retraite close, pendant les
jours ordinaires.

Le Parthénon est une véritable *boîte* : [1] une Cella
entourée de murs *pleins*. L'un de ces murs contient une baie ordinairement fermée. On l'ouvre
aux jours de fête ; et la foule aperçoit de l'extérieur l'image divine, baignée dans les flots de
lumière tombés de la toiture. Les fidèles ne pé-

1, Mon cours de Théorie de l'Architecture à l'École spéciale d'architecture.

nétrent pas dans la Cella, qui reste petite, étroite pour mieux faire saillir la grandeur de la figure. Dans son enseignement et dans son excellent livre, *la Philosophie de l'architecture en Grèce*, mon collègue M. Emile Boutmy à très-finement et très-judicieusement fait ressortir le caractère du temple grec, en comparant la Cella à un *étui* ou à un *reliquaire*, et l'édifice complet à un *ostensoir*.

Combien différent est le service de notre Sitellarium !

Ici plus d'idole à maintenir dans une enveloppe de murs infranchissables à la lumière aussi bien qu'aux hommes ; plus d'image divine à voir de loin briller sous le ciel. Mais un simple objet, un meuble d'usage régulier, que chacun vient avoisiner, toucher même, et dans lequel il dépose sciemment le témoignage de sa conscience interrogée. Autour, un vaste vaisseau, que la lumière pénètre comme il convient pour éclairer des hommes abrités.

L'artiste grec a bien fait d'ennoblir son temple en proportion de l'idée religieuse portée par Minerve et des beautés qu'il avait accumulées sur la statue chryséléphantine. Entourer la Cella d'une claire-voie portant la légende de la Déesse et celle des héros de l'Attique, et projeter du même coup sur le mur plein du sanctuaire toutes les splen-

deurs des plus riches oppositions lumineuses, c'é-
tait exalter dans une pompe d'expression plastique qui n'a jamais été dépassée, le rôle supérieur
du Temple de la cité grecque.

Admirable solution ! Plus admirable leçon encore !
Il n'a pas fallu moins que la beauté d'exécution et
la splendeur sculpturale qu'elle revêt, pour l'effa-
cer sous l'admiration légitime et passionnée de
cinquante générations. Tout bas, mais toujours, la
leçon répète à l'oreille de celui qui écoute, en même
temps qu'il regarde et qu'il sent : — *mesure de
l'idée — conception nette — justesse d'appropriation.*

Pour appliquer ces préceptes à la composition
du Sitellarium, il faut rapprocher trois graves ob-
servations, qui commandent la solution.

Premièrement : Le vaisseau, hanté par les
hommes, n'a rien de mystique. Son existence
n'est que le reflet d'une belle aptitude civique,
d'un sain courant social. Son niveau, sa silhouette,
son port, accordant entr'eux les éléments nécessaires de l'œuvre utilisable, emplissent en parfaite
mesure l'expression désirée. A quel titre recour-
rait-on ici à l'emploi des artifices exaltants que
réclamait la Cella, de la belle image chryséléphantine et des indéfinisables croyances qu'elle entre-
tenait ? N'enfanterait-on pas le trouble, en substi-
tuant l'impression fausse des sentiments vagues,

à la conscience de la foi robuste et claire, que le
Sitellarium doit rappeler aux Majoriciens? La plastique ne serait-elle pas alors en plein contre-sens.

Secondement : Qu'on se rappelle les diverses
parties essentielles qui sont entrées dans la composition du vaisseau : piles, comble, porte, claires-
voies. Selon leur distribution et leurs développements nécessaires, ces organes occupent entiè-
rement les parois du vaisseau. Où voudrait-on
placer l'immense page sculptée qui doit grandir
l'expression du Sitellarium? Les quatre piles sont
les seules parties pleines de l'œuvre. Serait-ce
donc là? Le sujet y trouvât-il sa place après avoir
été morcelé, cette solution reste impossible. D'a-
bord, parce que dans l'ordre des fonctions spéciales réservées à chaque organe distinct, la plus
grosse faute de plastique qu'on puisse faire, c'est
de marier dans un même organe une fonction matérielle, comme celle d'une pile portante, à une
fonction morale, comme celle des expressions supé-
rieures. Ensuite, parce que ce n'est pas à côté des
violences lumineuses créées par les baies d'éclairage des édifices où pénètrent les hommes, qu'on
peut placer les œuvres de la statuaire. Comment
veut-on que celle ci puisse lutter avec de pareils
voisinages, s'y faire suivre de l'œil avec le calme
et la quiétude que ses fins appellent?

Troisièmement : L'édifice plane dans les airs. Sa base s'y élève d'un plein jet à une hauteur où se découpent et se font valoir les richesses d'un beau galbe ; mais d'où les expressions finement mesurées de la statuaire resteront toujours insaisissables.

Le vaisseau du Sitellarium gardera pour lui la netteté des lignes qui l'encadrent, la fermeté des valeurs propres à chacun des éléments qui le constituent, la richesse des tonalités qui conviennent à son fin découpage sur le ciel bleu. Aucun agent d'expression morale n'y prendra place. L'Épopée majoricienne s'isolera complétement du vaisseau. Détachée sur un fond qui lui appartienne. elle s'étendra librement à la mesure de l'idée. qu'elle va exalter sous les yeux des Nueviens. Comme une couronne glorieuse, les deux branches, pacifique et violente, des développements sociaux se dérouleront aux flancs de la base du Sitellarium. La longue page de pierre, dressant ses quatre faces sur les pans inclinés de la large Pyramide, montrera les traits saillants de l'histoire nationale ; et, perdant ses origines dans la face oubliée du fond, viendra nouer sa conclusion morale au premier seuil de l'édifice, dans l'image épanouie de l'Urne victorieuse.

LE MONUMENT

Nueva 20 Mars 1889.

I

J'avais lu un long mémoire sur le Sitellarium ;
les gazettes m'en avaient souvent entretenu et
j'avais résolu de faire le voyage de Nueva pour
voir ce singulier édifice, dont on m'avait trop
parlé. Le majoricien Deuteron, qui est un curieux
de toutes choses et qui a fait des études sur l'histoire de l'art, voulut être mon cicérone. J'étais
depuis quelques années en correspondance assez
suivie avec lui. Nos relations avaient commencé
à la suite d'un envoi de documents précieux,
qu'il avait bien voulu me faire sur la recommanda-
tion d'un intermédiaire bienveillant. Nous étions
devenus à distance de véritables amis.

M. Deuteron était un marchand de cou-
tellerie. Ses lettres, fort remarquables, m'avaient

découvert en lui un grand sens, allié à une très-
fine originalité de vues. Il écrivait facilement sur
toutes choses et laissait voir, sans les montrer,
une profonde instruction et une passion élevée des
conquêtes de l'esprit. On sentait, d'ailleurs, son
obligeance extrême sous une parfaite discrétion.
Je ne m'étais jamais bien rendu compte de la situation sociale de ce commerçant d'assez mé-
diocre rang, gardant et entretenant tous les biens
qu'on ne gagne ordinairement qu'avec les loisirs
de l'amateur d'élite, ou sous l'excitation de l'impé-
rieuse nécessité du travail. A mon arrivée en Majorique, j'étais accouru à lui et je me trouvais
depuis quelques jours son hôte à Nueva. M. Deuteron avait quarante-cinq ans environ. Il vi-
vait au milieu de son commerce qui l'occupait
activement la plus grande partie du jour. Il y faisait lui-même sa correspondance d'affaires, et ne
laissait pas toujours à ses employés le soin de
s'entendre avec les acquéreurs. Les matinées
étaient consacrées à ses études de prédilection et
le soir était donné à la famille. Celle-ci était simple, aimante, et pourvue de cette gracieuse dis-
tinction qui ne mendie sa forme à personne. On
n'y pouvait rien relever de ces outrecuidances de
laisser-aller qu'on rencontre chez ceux qu'on
appelle encore des parvenus. L'imprévu ne prenant

jamais le pied de l'habitude qui appartenait à l'ordre, dans cette vie réglée, quand un incident s'y présentait, il était le bienvenu. Je vis que je causais ainsi deux joies à la fois chez mon ami de Nueva.

II

On avait, au déjeûner, beaucoup parlé de l'Amérique. Comme toujours, j'avais pu observer la profonde sérénité de l'esprit et des jugements de M. Deuteron. Nous nous étions affligés ensemble de la brutalité persistante des Yankees ; et j'avais soutenu cette thèse : qu'ils trouveraient en cela la barrière qui leur fermerait les horizons de l'art. Il avait répondu, en se levant : « Laissez faire ! Ce peuple est bien jeune. Il a pour lui l'énergie de race, l'habitude du travail et la liberté. Avec cela, une société cueille des fruits succulents dans le grand champ de l'expérience et conquiert tout, même le culte du Beau. — Allons au Sitellarium. »

Nous partîmes. Nueva est une ville plaisante. On y sent partout le culte des vieux témoignages du passé, mitigé par l'amour des appropriations utiles au présent. Les rues sont larges et faciles ;

mais elles n'ont pas cette monotone allure des trouées de canon, ni cette raideur uniforme de la plupart des voies de nos villes. On y voit la trace de la vigilante attention de la municipalité à ne pas les laisser s'encombrer, et de sa patiente persistance à les élargir ou à les établir à temps. La circulation dans cette ville est comparable à une promenade de Musée. Chaque coin de rue vous y découvre un intérêt d'histoire locale. Bien que les Nueviens aient eu leurs razzias d'îlots et leurs coupes réglées de quartiers, ils ont su ne rien sacrifier de leurs souvenirs dans leurs arrangements municipaux, qui ont développé leur ville aux dépens des faubourgs.

Pendant que M. Deuteron me mettait au courant des derniers changements de la cité, je vis un élégant coupé s'arrêter subitement. Un homme jeune et gracieux accourut à mon hôte et, lui prenant les mains, avec émotion. — Bonjour, mon cher M. Deuteron, comment sont tous les vôtres ?

—Eh ! que je suis heureux de vous voir, mon cher Duc !

Ils causèrent de plein cœur pendant quelques minutes.

— Vous avez donc encore des nobles, dis-je ? à M. Deuteron, quand nous eûmes repris notre pas.

— Que vous nous connaissez mal ! Parce que

nous sommes une grande Démocratie, ce qui est
notre force et notre fierté, vous vous imaginez
que nous sommes un peuple de jaloux ou d'en-
vieux ; que les petites passions nous rongent dans
nos petites municipalités libres, et que nous avons
encombré toutes les avenues de la bienséance et
de la douce amitié avec les défroques des vieilles
rancunes de nos pères. Combien il m'est doux
de trouver ici l'occasion de vous détromper !
Ce brave duc, que nous quittons, est mon
excellent ami et, après le peu que vous en avez
vu, je n'ai pas besoin de vous assurer qu'il est
très-heureux de me compter dans ses meilleures affections. Et cependant, si nous y regar-
dions bien et si nous remontions le cours de
nos souvenirs de famille, nous trouverions en
chemin de bien grosses haines, qui ne seraient pas
faites pour nous rapprocher. Mais voyez-vous,
nous sommes de notre temps ; nous y trouvons
beaucoup de bien à faire, et notre activité n'y suf-
fit pas. Nous aimons notre société, et partant ceux
qui la composent. Quand un vieux roturier comme
moi fait commerce de cœur avec un jeune descen-
dant de nobles, comme le duc de N..., il n'a, ni le
loisir, ni le désir de lui disputer une part de son nom.
Prenons-nous donc tels que nous sommes les uns
les autres. Il y a longtemps qu'en Majorique

on a commencé à se le dire ; et aujourd'hui tout le monde le fait. Vous voyez que nous ne nous en portons pas plus mal.

Nous montions alors la rue des *Etouffés*, qui gagne la Place-Haute par les derrières du Sitellarium. Ce nom de rue dans une cité pacifique m'étonnait. Il me l'expliqua par le récit d'un odieux crime de leur cruel moyen-âge. — Et pourquoi, dis-je, ne change-t-on pas ce nom ? — Croyez-vous, mon ami, qu'en supprimant un mot sur une plaque d'émail, nous enlevions de nos fastes l'attentat qui vous révolte ? L'histoire est sacrée. N'en cèlons aucune parcelle. Tout ce que le passé laisse est un enseignement utile au présent. N'en perdons rien. Nous avons traversé le temps, où, chaque dix ans, nos haines changeaient tous les noms. Notre expérience est faite : aujourd'hui, nous respectons tout.

III

Tout ce que j'entendais me faisait réfléchir. Depuis quelques instants, je marchais concentré. M. Deuteron me réveilla par ce cri : Nous y sommes !

Bien qu'il ait tenu, je ne sais trop pourquoi, à me faire arriver par le fond de l'édifice, je dois l'avouer, je fus saisi par l'étourdissante richesse et l'infinie variété des éclairages, que je trouvais accumulés sur un même objet. A cette première impression en succéda une seconde, non moins favorable, mais plus grave. L'ampleur des grandes lignes d'horizon, le jet des profils, la succession des plans visibles et l'abondante mise en scène de la Frise me jetèrent dans un véritable trouble d'esprit. Cependant je me rappelai que, si je n'avais pas visité la Grèce, j'avais vu l'Italie, et je retrouvai promptement, dans mes souvenirs, le point d'appui qui fit quelques instants défaut à l'équilibre de mes idées.

— L'architrave est trop faible, les colonnes sont trop courtes et trop écartées, dis-je à M Deuteron.

— Je connais cette objection. Vos critiques d'art nous l'ont faite déjà souvent. Mais, voyez-vous, si vous voulez bien apprécier notre monument, il faut vous mettre à notre point de vue. Ce qu'il nous faut à nous Majoriciens, c'est la vue de notre Frise, qui est comme le tremplin de nos cœurs de citoyens. C'est ce que nos architectes, qui sont de braves gens, ont très-bien compris. Aussi, je n'ai pas laissé passer sans la remarquer l'une de vos premières exclamations.

— C'était la Frise qui vous touchait !

— Oui. Mais quelle maigreur dans l'architrave !

— Laissez-moi achever. Nous reviendrons à l'architrave.

Puisque nous voulions que tout fît valoir notre Frise à nos yeux, nos architectes majoriciens n'ont fait ni une, ni deux. Ils ont tout sacrifié à cela ; et d'abord, je crois, les proportions de Vitruve. Donc, je ne me battrai pas maintenant avec vous sur la mesure des colonnes, de leur écartement et de ce que vous appelez l'architrave. Mais je veux essayer de vous montrer comment, — ce qui est un fait reconnu de vous, — notre Frise prend, à notre grande satisfaction dans l'édifice, le rôle imposant qui vous frappe. Vous avez été surpris tout d'abord par la richesse lumineuse du monument. Permettez que nous nous arrêtions un peu sur un point, qui éclaircira vos idées. Vous ne niez probablement pas que ces ombres portées des supports et de la Frise sur le rampant de la Pyramide, ne gardent une part considérable dans le juste éclairage et la fine coloration de l'objet principal.

— Je vous l'accorde. Mais qu'en concluez-vous ?

— Je conclurai dans un instant.

Quand vous regardez un beau paysage, si vous l'observez bien, vous découvrez vite un lieu défini, où toutes les tonalités de la scène sont réunies. C'est ce lieu qui fait valoir le reste. C'en est comme le point de repère et d'appropriation de l'œil. Dans les sites pittoresques, c'est ordinairement aux premiers plans que se trouve cette localité remarquable. Quand vous regardez un homme, c'est la même chose. L'œil est fréquemment le lieu de la touche tonale, bien que ce ne soit pas général. Si vous ne la rencontrez nulle part, la figure reste terne, sans expression, insignifiante, bête au point de vue plastique. L'édifice de l'architecte est soumis à la même condition. Il faut qu'on y rencontre la touche tonale et qu'elle soit bien mesurée et bien placée. Ici, c'est pour la recevoir et la refléter qu'a été préparé le fond lisse incliné, qui passe derrière les supports de la Frise. C'est là que, tout proche de l'objet, mais sans l'accabler, le gêner, le menacer même, sont réunies circonscrites et ordonnées, toutes les valeurs de clairs, d'ombres, de demi-teintes, de reflets et de couleur locale, qui vont entrer dans le relief vibrant de la Frise. C'est là que l'œil, qui aime fort les gâteries, et qui redit promptement au cœur celles qu'on a su lui faire apprécier; c'est là qu'il trouvera la gamme initiale et directrice, dont les notes composent les savants accords du concert supérieur.

Et bien ! puisque de votre propre aveu, la Frise s'impose à vous comme il convient ; puisque l'effet qui en émane vous touche fort et juste, c'est que tout ce qui la met en valeur, la relève et la contient dans sa mesure, est à sa proportion. Si la proportion existe, dans toute cette ordonnance concluante, vous ne pouvez vouloir la troubler. Or vous la troubleriez, si vous rapprochiez les supports ; car vous accroîtriez leur nombre, et par là, les ombres qu'ils portent ; car vous diminueriez les clairs qu'ils laissent sur le fond ; car, en fin de compte, vous changeriez la valeur de la touche tonale.

— Toutes les idées, que vous exposez-là sont pleines d'intérêt ; mais permettez-moi d'en réserver la conclusion au nom de l'Architecture.

— Voulez-vous que nous laissions de côté la touche tonale, qui vous paraît évidemment un peu trop Majoricienne ? Vous m'accorderez bien qu'un objet, un relief quelconque n'a qu'une valeur plastique apparente, valeur modifiable à volonté par le rapprochement ou l'éloignement de telle autre valeur ; que vous pouvez modifier la mesure apparente d'un corps par le grandissement ou l'amoindrissement d'un corps voisin ; que l'œil ne mesure que par comparaison ou par habitude ; que toutes les fois qu'il peut employer le premier pro-

cédé il le fait, celui-ci étant le procédé de l'artiste,
l'autre restant au métreur; qu'une même assise de
pierre ne parait pas aussi grosse placée dans la tour
de Notre-Dame que placée dans une de vos mai-
sons de Paris.

— Je n'ai aucune raison de vous refuser cela.

— Et bien alors, si vous grandissez et multi-
pliez nos supports, vous diminuez la valeur, la
mesure apparente, le relief plastique de la Frise.
Et c'est ce que vous ne voulez pas plus que
nous.

— Diavolo! comme vous défendez votre Sitellarium!

— Mais je n'ai pas fini! Dites-moi, je vous en
prie, pourquoi vous tenez à voir une architrave trop
maigre sur ces supports; et pourquoi vous appelez
ces supports des colonnes. Ce n'est pas une guerre
de mots que je vous fais.

— Mais vos supports sont ronds; ils sont canne-
lés, coniques; ils ont des chapiteaux! Ce sont des
colonnes.

— Remarquez bien, mon ami, que si votre colonne se définit ainsi, je n'ai rien à dire; car je
reste libre de lui donner telle longueur que me
commande mon sujet. Mais que si vous amplifiez
votre définition par un sous-entendu et voulez
m'astreindre à un rapport de dimensions fixé

d'avance par vous, je me dégage de la colonne,
à laquelle je n'ai point affaire et je garde mon simple support, que je taille, coupe, rogne et modèle
à ma façon pour les besoins de ma plastique. Et
alors, je vais plus loin. — Mais ici vous allez bondir ! — L'architrave n'est pas trop maigre ; car
il n'y a pas d'architrave apparente dans notre
édifice. Ce que vous appelez l'architrave, n'est
que la plinthe, le repos d'œil, qui détache, par une
transition nette, le corps de la Frise sur son fond ;
c'est la mise de la Frise elle-même à un plan jus-
tement appréciable du spectateur. Si cette plinthe
était une architrave, c'est-à-dire une pièce portant
sur l'entre-colonnement tout le poids de la construction, il eût fallu lui donner une hauteur deux
ou trois fois plus grande, et votre critique, qui
voyage ici dans les petites considérations, ne man-
querait pas de justesse. Mais voyez donc ce que
notre pauvre Frise serait devenue !

Le sujet, qui domine tout, dont les reliefs,
nourris de lumières ombreuses, trouvent des *nus*
voisins si favorables à la mesure des intensités
modelantes qu'on lui offre ; ce sujet eût perdu les
trois quarts de sa valeur plastique, sous le coup
de la contiguité accablante de la masse de votre
architrave ! Ce n'était pas admissible un instant. Il
fallait sortir de cette étroite solution qui barrait le

chemin à la vigoureuse expression, que nous entendions faire briller aux flancs de notre Sitellarium. Ici l'architrave proprement dite, la pièce portant la Frise, est une gigantesque poutre de fer de quatre mètres de hauteur, qui couronne les supports, qui est solidement reliée à la Pyramide et qui porte la Frise. C'est cette franche et forte ressource de construction, qui nous a permis l'amplitude et l'étoffage si saisissant de l'image de nos fastes. C'est elle, qui lui ménage cette apparence nourrie, dont vous subissiez, dès l'abord, l'émotion, que vous avez discutée ensuite et que vous n'allez plus pouvoir supporter.

— Qu'en savez-vous? Pourquoi brusquez-vous mon jugement? Je ne saurais certainement admettre, ni même discuter cette étrange introduction du fer dans une pareille œuvre ; mais je reconnais à votre édifice certaines qualités.

— Que ne mettez-vous, hélas! votre cœur et votre raison d'accord ? Notre Sitellarium vous touche. Cherchez au moins les causes de votre émotion. Découvrez-les ou permettez qu'on vous les dévoile ; et aimez-les ensuite. Mais ne vous exilez pas dans cette éternelle contrainte de demi-aigreur ou de domination sacerdotale, qui fait toujours mine de ne compter pour rien les recherches et les conquêtes des plus respectables indépendances.

Sachez-vous mettre au point de vue juste des choses, que vous voulez juger.

De ce qu'ici vous rencontrez une constitution matérielle en désaccord avec ce que vous avez l'habitude de voir, vous décrétez d'emblée la condamnation de l'œuvre d'Art. Car, je ne m'y trompe pas ; au fond, vous niez celle-ci. Mais ne voyez-vous pas la dangereuse erreur que vous commettez, et la fausse doctrine qu'elle couvre. Tout les thèmes neufs, — et, Dieu merci ! nos sociétés n'en manquent pas dans l'ordre moral aussi bien que dans l'ordre physique ; — tous les thèmes neufs, s'ils sont interprétés avec méthode, doivent enfanter des solution neuves. Dans l'ordre des expressions sensibles, les formes resteront toujours soumises aux éternelles et invariables lois de la plastique. Mais, dans l'ordre des pures constitutions matérielles, elles exigeront nécessairement des moyens spéciaux, variables suivant les temps. Toute œuvre d'art, toute doctrine d'art doit subir cette condition. Et quoi ! une bâtarde association du fer à la pierre dans une mauvaise époque de votre art, vous a montré l'un de ces témoignages les plus excessifs de l'incohérence, qui peut résulter en architecture, de la fausse interprétation de l'aptitude des matériaux, et vous en concluez que le fer ne doit jamais fournir à la pierre le concours

de sa précieuse puissance de soutènement ; et vous
prétendez bannir de l'édifice cette ressource unique,
qui étend dans une mesure énorme les ressources
expressives de votre pierre ! Je sais que vous vous
couvrez derrière une règle très-accréditée chez
vous. On y dit ; on y répète dans une certaine
école, qu'il faut mettre en évidence tous les matériaux constitutifs d'une œuvre. Mais pourquoi
fausser cette idée vraie ? Mettre en évidence une
chose, n'est pas découvrir sa nudité. Quel plus
beau modèle plastique pouvons-nous observer que
le corps de l'homme ? L'ossature y est évidente ;
mais elle ne perce pas les chairs pour montrer sa
constitution osseuse. De même, pour qui sait voir,
notre ossature de fer est évidente ; mais elle reste
invisible sous le tissu de matière modelante qu'elle
a mission de porter. Voilà ce qu'il faut, pourtant,
que vous compreniez, si vous voulez apprécier la
composition du Sitellarium !

M. Deuteron dépassait évidemment les bornes !
Je m'en apercevais depuis quelques temps déjà,
et mon premier sentiment m'avait porté à brus-
quer les choses. Mais le sage sait se contenir. On
tire toujours quelque bonne conséquence du calme
qu'on apporte à juger les situations. Ici, je met-
tais certainement le doigt sur le côté faible de ces
Majoriciens. Ils sont audacieux et entiers. La me-

sure leur manque. La réserve si discrète , dont
M. Deuteron m'avait donné tant de preuves et qu'il
savait apporter dans les relations habituelles du
monde, lui faisait défaut aussitôt qu'on entrait sur
le terrain de ces choses, que personne ne doit plus
discuter ; parce qu'elles sont devenues les fonde-
ments inébranlables du mouvement intellectuel.
Comme tous ses compatriotes, M. Deuteron per-
dait la tête aussitôt que les faits ou l'expérience se
mettait en travers de ce qu'ils appellent leurs conquêtes. Je jugeai la situation. Je vis que je n'en-
traînerais pas M. Deuteron hors du tourbillon d'hé-
résies dans lequel la Frise du Sitellarium l'avait
plongé. Je résolus de rompre la discussion architecturale, et sans répondre à la dernière interpel-
lation, je m'écriai : Mais, que sont donc ces sculp-
tures ? Que représentent-elles ?

IV

Nous avons fait le tour de leur monument. Leur
histoire est superbe ! Et ils l'ont écrite là dans une
double page sculptée, qui fait longtemps penser,
après qu'on l'a vue. Sur ce terrain, nous nous
sommes retrouvés en pleine sympathie avec

M. Deuteron. C'est à coup sûr un grand cœur : e
je lui passerai ses doctrines esthétiques, tout enta-
chées qu'elles soient de ce triste besoin qu'ils ont
en Majorique de vouloir tout expliquer par A plus
B. A quoi voulez-vous croire, avec un tel sys-
tème?

Ils ont puisé dans leur histoire la série des
causes pacifiques et la série des causes violentes
de leur état social, et ils en ont modelé les scènes
dans trente-quatre tableaux, qui s'enchaînent et
qui sont très-saisissants.

Ils ont ainsi rappelé dans leur série pacifique :

1. — Leur *Ghildes*, comme ils disent, c'est-à-
dire, leur première agglomération sociale ;

2. — Leur vieux Sacerdoce des temps primi-
tifs.

3. — Leurs *Mals*, ou assemblées politiques des
Ghildes.

4. — Le baptême de leur conquérant barbare,
s'incarnant dans leur race par la religion de la
nation en germe.

5. — Leur premier corps de lois, qu'ils nomment
les Capitulaires de Karl.

6. — Leurs Chartes communales, un des premiers faits caractéristiques de leur persistante
convergence vers la liberté politique.   .

7. — La création de leur premier Corps uni-

versitaire, qui marque par un acte royal le point de départ d'un courant spécial d'idées très-indépendantes.

8. — Leur premier et principal Parlement, organisation primitive de leur justice supérieure, devenu un centre de défense pour les droits politiques de la nation.

9. — Un traité de 1516 entre leur roi et le souverain spirituel, qui régla pour la première fois, quoique durement, les rapports de l'administration religieuse et de l'administration civile.

10. — Le développement d'une Congrégation de Saint-Maur, dont les travaux prirent une importance énorme sur les développements intellectuels du pays.

11. — La fondation de leur Académie nationale, qui fut chez eux la pompeuse personnification de leur magnifique aristocratie littéraire.

12. — La paix concluante, qui fixa, en principe, les limites normales du territoire majoriciën.

13. — La constitution de l'Eglise dégageant ses libertés nationales.

14. — L'union des philosophes de l'avant-dernier siècle, qu'ils considèrent comme les pères de leurs droits.

15. — La proclamation de ces droits.

— 55 —

16. — La consécr. t. n de ces droits dans la loi nationale et communale.

17. — Les échanges universels, devenus chez eux la dernière extension des libertés, qu'ils appliquent.

Les causes violentes de leur civilisation se dégagent dans une seconde série de scènes, qui, partent, comme les premières, du fond de l'édifice pour joindre la partie centrale de la face principale :

1. — Le sacrifice sanglant, au temps des *Ghildes*.

2. — La première Confédération nationale, qui leur a laissé leur premier héros national, succombant avec le pays sous les coups de la grande conquête politique des Miliathes.

3. — L'invasion barbare, qu'ils ont su arrêter en sauvant leur nationalité.

4. — La victoire de leur premier roi chrétien gagnant, à Kilhac, la première ligne de frontières nationales.

5. — Leur grande bataille du Sud, fermant le pays aux races sémétiques.

6. — Leur conquête territoriale de 1285.

7. — La victoire maritime, leur assurant la libre possession de leurs côtes.

8. — La révolte des vassaux contre leur roi.

9. — La sédition des paysans contre les seigneurs.

10. — Leur seconde invasion et l'héroïne de leur salut.

11. — Les dissensions religieuses et leurs massacres.

12. — La ruine des suzerainetés.

13. — Leur grande guerre de religion.

14. — Leur grande révolution politique.

15. — La défense du sol de la patrie démocratique.

16. — Leur gigantesque expansion militaire.

17. — Leurs durs conflits sociaux.

Ces deux branches, magnifiquement sculptées, de leur histoire, viennent conclure au-dessus de l'entrée du Sitellarium à une composition symbolique du suffrage universel assisté de la Loi et de la Liberté. Des deux côtés, les files de citoyens conduits par la Conscience et la Foi répondent à leur appel. J'aime moins ce morceau que les précédents. Mais je ne m'arrêtai pas à cette idée. Ces sujets d'abstraction sont peu faits pour la statuaire. Je n'ai pas communiqué cette juste observation à M. Deuteron. Elle m'eût entraîné à reproduire la critique, que j'avais si malencontreusement développée d'abord. L'argument, dont je rencontrais ici l'appui était formidable ! car, on

peut le dire, il n'y a même plus trace d'architrave
sous le motif central. Mais je sus me taire !

V

Nous nous éloignâmes pour gagner l'accès de
la longue rampe, qui fait plonger l'amorce de
l'édifice jusqu'au centre de la place. L'étude minu-
tieuse et détaillée, que nous venions de faire pendant deux heures aux pieds même de la Pyramide, m'avait un peu fatigué des choses de
premier plan. A la vue du monument dégagé dans
son ensemble, je retrouvai la forte impression, qui
m'avait envahi dès mon arrivée sur la place. Le
soleil éclairait eu plein la face, et laissait dans
l'ombre le grand côté fuyant de la Frise avec son
cortége de supports. L'escalier dégageait la
lumière de ses rampes, coupé de vigoureuses
ombres portées ; les bronzes des Sonneurs faisaient
pointer dans l'air les cornes intérieures de la
Pyramide ; le Sitellarium, demi-lumineux, demi-
grisonnant, lançait au ciel ses feux de pierreries
et l'éclat de sa porte dorée à côté des monotones
papillottements de la grande claire-voie latérale.
On eût dit un fin joyau grandi à la mesure des
puissants effets que donnent les masses aux pri-
ses avec la lumière.

— C'est véritablement gran l, dis-je à M. Deuteron. Vos architectes ont pu faillir dans le détail ;
mais ils ont su tenir jusqu'au bout, — je n'hésite
pas à le dire, — la difficile et mâle expression d'art,
que leur commandait leur grand sujet.

— Ils sont gens de foi, et leur passion patriotique
ne pouvait leur laisser oublier qu'ils travaillaient
pour la Majorique ! — Du reste, je vous attendais
là ! — Entrons.

Nous franchîmes la rampe et l'escalier tran-
ché dans le corps de la Pyramide. Entre les deux
murs droits des côtés, cette longue montée, qui
encadre subitement la vue en tous les sens et ne
laisse plus voir que la porte d'or, semble comme
un lieu de recueillement. On retourne en soi. Je ne
sais pourquoi, j'y pris involontairement la main de
M. Deuteron, et je la pressai.

Sur la grande plate-forme, pendant que
le gardien apprêtait sa clef, je lus cette parole au
haut de la porte : *Ici tout citoyen accomplit librement
son devoir*. La pensée me plut, bien que je la trou-
vasse dépourvue de cet accent monumental, qu'il
m'eut paru convenable de lui donner.

— Pourquoi, dis-je, n'avez-vous pas au moins
fait appel à la langue classique, pour mettre un
peu plus de dignité dans la mise en scène de cette
inscription. Sa tenue me paraît détonner sur cette

noble porte. De même qu'on ne doit pas pouvoir regarder avec ses yeux de tous les jours un monument de cet ordre ; de même, il me paraît décent de n'y pouvoir fixer sa pensée qu'avec une certaine recherche d'esprit.

— Il y a cinquante ans, dit-il, nous eussions certainement fait ce que vous indiquez. Mais les idées ont pris chez nous un autre cours, depuis ce temps. Nous avons appris à aimer beaucoup les choses qui sont nôtres ; nous ne les dénigrons plus, et nous cherchons toutes les occasions de les faire valoir. Nous ne croyons plus qu'il n'y ait que celles des autres, qui puissent être véritablement classiques. Notre langue, d'ailleurs, comme notre histoire, a fait ses preuves ; et nous souffririons de ne pas l'honorer, en la chargeant d'exprimer simplement et clairement l'une des plus solennelles et des plus graves sentences de notre cité.

La porte s'ouvrit et je me trouvai enfin dans ce Sitellarium, tant décrié chez nous. Comme toutes les choses, sur lesquelles on a beaucoup lu et qu'on a longuement commentées à distance, celle-ci ne me parut d'abord donner lieu à aucun jugement. Je ne ressentis rien de ce qui, à la première vue de l'extérieur, avait fait bondir et éclater mon impression première. Je me trouvais incertain entre ce que je voyais et ce que mon imagination

avait prévu d'avance. Mon esprit inquiet cherchait
en vain le lieu juste de son application. Le spectacle
des yeux prenant, cependant, son empire, la vision
du passé disparut. .Le milieu était grand, l'éclairage était noble ; mais je me sentais gêné. Je re-
trouvais à leur place toutes les parties que j'avais
notées dans mes lectures : le bureau et l'Urne ; et,
derrière, le grave tableau de la constitution ; les
deux files latérales des citoyens de tous les temps
et de toutes les idées, s'unissant dans un même
geste et rappelant l'Urne à leurs descendants ; puis,
aux angles, l'image éteinte du vieil arbre symbolique de la race. Tout était senti et bien compris.
Le parti pris me paraissait bon encore, et les idées
étaient à la mesure du lieu. Mais cela manquait
d'unité. Je le dis à M. Deuteron.

— Vous avez raison, me répondit-il. Il y a
quelque chose à refaire ici. Tout le monde est
d'accord là-dessus et nos architectes ont été les
premiers à le reconnaître. Nos sujets peints sont
manqués. Regardez ! chaque figure y prend une
importance individuelle trop considérable. L'idée
voulue se perd dans l'éparpillement de l'esprit sur
des personnages, au lieu de se concentrer dans
un simple geste tirant toute son éloquence de sa
répétition. L'unité manque ; vous avez raison. Nous
referons cela.

— Mais, c'est une grosse dépense ! Puis, vous avez là des œuvres de grand mérite, dont vous allez mortellement blesser les auteurs. Ce sont évidemment des artistes de haut rang. Ils se plaindront ; leurs amis crieront ; la presse s'en mêlera ; vous allez ameuter le pays !

— Oh ! ce n'est ni aussi difficile, ni aussi grave que cela. Nueva n'en est pas à lésiner sur quelque cinquante ou soixante mille francs pour terminer l'édifice comme il convient. L'argent se prépare. Et quant aux artistes, ils ne se plaindront pas et personne ne criera pour eux. Tout le monde rend ici justice à leurs mérites, et aucun reproche ne les atteindra, parce qu'une erreur a été commise dans l'exécution du Sitellarium. La tâche n'était pas si facile ! Nous nous trouvons tous heureux de l'avoir amenée au point où elle en est. Qui vous dit, d'ailleurs, que les mêmes artistes ne referont pas les peintures ?

Cet aveu de M. Deuteron ; l'accueil qu'il avait fait à ma dernière critique, m'allèrent au cœur. Je trouvai qu'au demeurant cette fierté du citoyen de Nueva ne se détachait pas mal sur son fond de bienveillance habituelle, et que, lorsqu'on pouvait lui faire discerner la vérité, il savait encore assez bien lui donner le pas sur les entraînements de sa passion pour son pays.

En tournant le dernier coin de la place pour nous engager dans la rue du Vote, qui descend à la ville, je jetai un dernier regard sur le Sitellarium. Il me parut encore superbe.

— Je n'ai décidément rien vu de plus imposant, que l'extérieur de ce monument, dis-je à M. Deuteron. Mais, tout bien considéré, l'installation de l'Urne est trop simple C'est presque de la nudité!

— Détrompez-vous, mon ami! L'Urne n'est pas un objet de pompe, un Trésor fait pour réjouir les yeux. C'est le symbole d'une pensée grave. Tout ce qui n'est pas simple ferait tache aux environs. Le Trésor est dans nos cœurs. Quand le devoir nous le commande, nous allons honnêtement les ouvrir là-haut, pour en laisser échapper la vertu civique qui donne la vie à l'Urne. Ce jour là, le fond du Sitellarium ne nous paraît pas nu !

TABLE DES MATIÈRES

4272 — Imp. A.-E. Rochette, Boulevard Montparnasse 72-80.

www.ingramcontent.com/pod-product-compliance
Lightning Source LLC
LaVergne TN
LVHW021759170726
843503LV00007B/2922